AF592261

LES ÉTOURDIS,

OU

LE MORT SUPPOSÉ,

COMÉDIE

EN TROIS ACTES, EN VERS;

Représentée, pour la premiere fois, par les Comédiens Italiens ordinaires du Roi, le Vendredi 14 Décembre 1787.

Prix, 30 sous.

A PARIS,

Chez BAILLY, Libraire, rue Saint-Honoré, vis-à-vis la Barriere des Sergens.

M. DCC. LXXXVIII.

PERSONNAGES.	*ACTEURS.*
M. DAIGLEMONT, oncle.	M. COURCELLES.
DAIGLEMONT, ſon neveu.	M. RAYMOND.
FOLLEVILLE.	M. GRANGER.
JULIE, fille de M. Daiglemont.	Mlle. CARLINE.
L'HOTESSE.	Mme GONTHIER.
DESCHAMPS.	M. VALLEROY.
JOURDAIN.	M. PERIGNY.
MICHEL.	M. THOMASSIN.
UN VALET.	

La Scene eſt à Paris, dans la ſalle commune d'un Hôtel garni.

LES ÉTOURDIS,
OU
LE MORT SUPPOSÉ.

Le Théâtre représente un salon. Sur l'un des côtés une porte qui donne dans un cabinet.

ACTE PREMIER.

SCENE I.

DAIGLEMONT, FOLLEVILLE.

FOLLEVILLE.

IL le faut avouer ; depuis huit jours entiers
Nous vivons sagement, grace à nos créanciers.
Nous ne sortons jamais ; une raison très-forte
T'empêche de passer le seuil de cette porte :
Dans mon hôtel garni tu vins très-prudemment
Occuper la moitié de mon appartement.

Je te tiens, en ami, fidelle compagnie;
Comment te trouves-tu de ce genre de vie?

DAIGLEMONT.

Fort mal.

FOLLEVILLE.

Pourquoi? Caché sous le nom de Derbain,
Les Huissiers, les Records te chercheront en vain;
Leur meute est en défaut; tu lui donnes le change.

DAIGLEMONT.

Oui; mais parbleu, l'ennui qui m'assomme, les venge.
Si je pouvois sortir!...

FOLLEVILLE,

Tu le pourrois, vraiment,
Sans ce fripon maudit, ce chicaneur d'Armant,
Qui pour quinze cents francs a contre toi sentence;
Tu fis cette méchante affaire en mon absence:
Où diantre ton esprit étoit-il donc alors?
C'est jouer trop gros jeu que risquer le par corps;
Moi, je ne fais jamais cette sottise étrange;
Des billets tant qu'on veut; point de lettres de change.

DAIGLEMONT.

N'y pouvant plus tenir, & par l'ennui pressé,
A Dortis mon cousin je me suis adressé.
Je le prie en deux mots de me prêter la somme
Dont j'ai besoin.....

FOLLEVILLE.

Tu vas recourir à cet homme
Que tu ne vois jamais? Tu n'en tireras rien.

DAIGLEMONT.

Vraiment, j'en ai grand'peur; c'eſt un dernier moyen
Que j'ai voulu tenter, faute d'autre reſſource.

FOLLEVILLE.

Tu ſais bien qu'un ami peut puiſer dans ma bourſe.

DAIGLEMONT.

Ta bourſe? elle eſt à ſec.

FOLLEVILLE.

Elle va ſe remplir;
J'ai fait certain projet, & s'il peut réuſſir!
L'idée en eſt hardie, & fortement conçue!
Je compte aujourd'hui même en apprendre l'iſſue.

DAIGLEMONT.

Dis-moi donc ce que c'eſt?

FOLLEVILLE *déclamant.*

Non; *pour être approuvés*,
De ſemblables deſſeins veulent être achevés (1).

SCENE II.

FOLLEVILLE, DAIGLEMONT, DESCHAMPS *entre, une lettre à la main.*

DAIGLEMONT.

Ah! ah! ſachons un peu ce que Deſchamps m'annonce;
Cette lettre à la mienne eſt-elle une réponſe?

(1) Mithridate, Acte III, Scene I.

DESCHAMPS.

Non, Monsieur.

(*à Folleville.*)

C'est pour vous.

FOLLEVILLE.

De Nantes? Ah! ma foi,

Peut-être.....

DAIGLEMONT *à Deschamps.*

Et mon cousin ne t'a rien dit pour moi?

DESCHAMPS.

Il n'étoit pas chez lui; j'ai laissé votre lettre:

Si-tôt qu'il rentrera, l'on doit la lui remettre.

FOLLEVILLE, *qui a décacheté, dit avec joie:*

Nous sommes trop heureux, mon pauvre Daiglemont;

Embrasse-moi.

DAIGLEMONT.

Pourquoi?

FOLLEVILLE.

Mais embrasse-moi donc.

Les effets, avec moi, répondent aux paroles.

Vous dites qu'il vous faut deux ou trois cents pistoles,

Mon ami, ce n'est rien; je veux vous obliger.

Ne me refusez pas; ce seroit m'affliger.

Vous pouvez disposer de cette bagatelle.

DAIGLEMONT.

Une lettre de change? & d'où diantre vient-elle?

FOLLEVILLE.

Tu peux voir.

DAIGLEMONT.

De mon oncle?

FOLLEVILLE.

Oui, ſans doute, de lui.

DAIGLEMONT.

Elle eſt de mille écus, & payable.....

FOLLEVILLE.

Aujourd'hui,
A vue. Oh! nous n'aurons point à ſouffrir d'eſcompte:
J'aime fort les effets dont l'échéance eſt prompte.

DESCHAMPS.

Il paroît que mon plan a très-bien réuſſi.

DAIGLEMONT.

Quoi! Deſchamps eſt au fait?

FOLLEVILLE.

Sans doute; en tout ceci
Ses ſecours m'ont vraiment été très-néceſſaires.

DESCHAMPS.

Oui, Monſieur. Connoiſſant l'état de vos affaires,
J'ai déployé mon zele en ce beſoin urgent,
Et c'eſt moi qui procure à Monſieur cet argent.

DAIGLEMONT.

Mais comment?

DESCHAMPS.

Devinez ; je vous le donne en mille.

FOLLEVILLE.

Je veux bien t'épargner une peine inutile.
Tiens, de l'énigme ici tu trouveras le mot.
Lis.

DAIGLEMONT.

Qu'est-ce qui t'écrit ?

FOLLEVILLE.

C'est Monsieur Guillemot.

DAIGLEMONT.

Qui ? le vieux factotum de mon oncle ?

FOLLEVILLE.

Lui-même.

DAIGLEMONT *prend la lettre, & lit :*

Vous n'imaginez pas quelle douleur extrême
A causée à Monsieur la mort de son neveu,
Votre ami..... Votre ami ? Mais dis-moi donc un peu ;
Parleroit-il de moi par hasard ?

FOLLEVILLE.

Je le pense.

DAIGLEMONT.

Est-ce que je suis mort ?

FOLLEVILLE.

Que sait-on ? Lis ; avance.

DAIGLEMONT *continue à lire.*

Vous avez très-bien fait, dans un si grand malheur,
De m'écrire d'abord cette triste nouvelle ;
J'ai su de mon cher Maître adoucir la douleur
Par les ménagemens que m'a dictés mon zele.

FOLLEVILLE.

Oh ! Monsieur Guillemot est un garçon prudent.

DAIGLEMONT *lit.*

Monsieur approuve fort que, dans ces circonstances,
Vous n'ayez épargné ni les soins ni l'argent ;
Il faut vous rembourser de toutes vos avances.

FOLLEVILLE.

Mais c'est fort juste.

DAIGLEMONT *lit.*

Ici vous trouverez inclus
Un bon effet de mille écus ;
C'est, suivant votre état général de dépenses,
Ce que vous ont coûté Médecin, Chirurgien,
Gens qui font très-souvent plus de mal que de bien,
Et la Garde & l'Apothicaire,
Les frais de sépulture & ceux du luminaire.
Il en coûte bien cher pour mourir à Paris,
Et les enterremens, Monsieur, sont hors de prix.

FOLLEVILLE.

Oh ! c'est que je t'ai fait un convoi magnifique.

DAIGLEMONT.

Je te suis obligé ; la ressource est unique.

FOLLEVILLE.

Lis donc jusqu'à la fin.

DAIGLEMONT *lit.*

Le défunt, dites-vous;
Laisse quelques petites dettes:
Voyez les créanciers, avertissez-les tous
De tenir leurs quittances prêtes;
J'irai, sous peu de jours, à Paris les payer.
Adieu, Monsieur: de tous vos soins mon Maître
Me charge, encore un coup, de vous remercier;
Il vous aime toujours; & moi, j'ai l'honneur d'être....

FOLLEVILLE.

Très-bien; je suis charmé d'être à temps averti.
De ce voyage-là nous tirerons parti;
Nous ferons bien payer tes dettes au bonhomme;
Et nous accrocherons encore quelque somme.

DAIGLEMONT.

Le tour est incroyable, & j'en suis stupéfait.
On me croit mort?

FOLLEVILLE.

Un peu.

DAIGLEMONT.

Mais comment as-tu fait
Pour prouver?....

FOLLEVILLE.

J'ai fourni la preuve la plus claire;
Deschamps m'a délivré ton extrait mortuaire.

DAIGLEMONT.

Quoi ! ce coquin a fait un faux ?

FOLLEVILLE.

Bien entendu.

Eh mais, ne faut-il pas qu'il ſoit un jour pendu ?
Qu'il le ſoit pour un faux, ou bien pour autre choſe.....

DESCHAMPS.

A mes dépens toujours Monſieur s'amuſe & gloſe.
Je penſe qu'il me fait, en cette occaſion,
L'honneur d'être jaloux de mon invention.
Dans ce tour peu commun éclate mon génie,
Et c'eſt un des beaux traits qu'on lira dans ma vie.

DAIGLEMONT *à Folleville.*

As-tu pu te ſervir d'un ſemblable moyen,
Tromper ainſi mon oncle ? Oh ! cela n'eſt pas bien.
Tu ſais, pour ſon neveu, juſqu'où va ſa tendreſſe.

FOLLEVILLE.

Oui, plains-toi ; j'aime aſſez cette délicateſſe.
Imbécille, ſens donc ce que l'on fait pour toi.
De Nantes à Paris, tu vins, ainſi que moi,
Pour nous former dans l'art de Cujas & Barthole :
Nos parens comptoient bien qu'en une bonne école,
Tous les deux avec fruit nous ferions notre Droit;
Mais comment travailler dans un ſi bel endroit,
Parmi les agrémens dont cette ville abonde ?
On s'y divertit mieux qu'en aucun lieu du monde

On y trouve à choisir mille plaisirs divers :
Mais tous ces plaisirs là, par malheur, sont fort chers ;
Nous le savons trop bien par notre expérience.
Nous n'avons nullement épargné la dépense,
Et depuis dix-huit mois que nous sommes ici,
Nous avons bien mangé de l'argent, Dieu merci.
Aussi pour en avoir, que de ruses ourdies !
Combien n'avons-nous pas compté de maladies,
Tandis que nous étions en parfaite santé,
Et des Cours où jamais nous n'avons assisté,
Et le Maître d'Anglois, les mois d'Académie,
Et de ce Droit sur-tout la dépense infinie !
Notre rare savoir devroit être envié,
Si nous avions appris tout ce qu'on a payé.

DAIGLEMONT.

Nos ressources enfin se sont bien affoiblies.
Si nos parens encore ignorent nos folies,
Au moins nous ont-ils fait sentir, par vingt refus,
Que nos dépenses.....

FOLLEVILLE.

Oui ; l'argent ne venoit plus ;
Nous étions mal : Deschamps m'a fourni cette idée
De supposer ta mort ; moi, je l'ai hasardée :
Le tour nous réussit, & je trouve plaisant
Que tu touches les frais de ton enterrement.

DAIGLEMONT.

Cet argent vient très bien pour me tirer de gêne ;
Mais je songe à mon oncle, à sa cruelle peine....

FOLLEVILLE.

Bon ! bon ! ſonge plutôt au plaiſir qu'il aura,
Quand ſon neveu défunt à ſes yeux reviendra :
Quelle douce ſurpriſe !

DAIGLEMONT.

Et ma pauvre couſine,
Que j'adore, qui m'aime, eſt encor plus chagrine !
Comme elle va pleurer !

FOLLEVILLE.

Mais en revanche auſſi
Comme d'autres riront ! Tiens, je crois voir d'ici
Pluſieurs de tes parens, qui, penſant qu'ils héritent,
D'une ſi prompte mort tout bas ſe félicitent :
Ils vont prendre ton deuil, ſe partager ton bien ;
Mais ils te le rendront.

DAIGLEMONT.

Ma foi, je n'en ſais rien.
Enfin, l'extrait fait foi contre mon exiſtence ;
Ils me chicaneront ; tu verras.

FOLLEVILLE.

Oui ; ſentence
Par laquelle, vu l'acte, on doit te déclarer
Mort, & te condamner à te faire enterrer.

DAIGLEMONT.

Si mon couſin pouvoit, contre toute eſpérance,
De mes quinze cents francs me faire encor l'avance !

FOLLEVILLE.

Oh ! tu n'en ferois pas long-temps embarrassé ;
Ce seroit, je t'assure, un fonds bientôt placé.

DAIGLEMONT.

C'est assez discourir ; permets que je te dise
D'aller au plus pressé ; va toucher sans remise
Les mille écus.

FOLLEVILLE.

J'y vais : toi, tandis que je sors,
Et que je réglerai les choses au dehors,
Travaille ici ; revois l'état de tes affaires ;
Fais pour tes créanciers des billets circulaires ;
Mande-leur de venir, & qu'ils sont trop heureux,
Puisqu'on va les payer & finir avec eux ;
Bien entendu pourtant qu'ils seront raisonnables,
Et feront sur leur dû des remises passables.

DAIGLEMONT.

Ma foi, tu sais fort bien qu'en leur donnant moitié,
Il n'en est pas un seul qui ne fût trop payé.

FOLLEVILLE.

Allons, tout ira bien ; sois sans inquiétude ;
Je suis plus las que toi de notre solitude ;
Il est temps d'en sortir, & de nous dissiper.
Ce soir, en certain lieu, je te donne à souper.
Je t'ai fait, par besoin, mourir de mort subite ;
L'argent comptant revient, & je te ressuscite.

Adieu; je vais courir: dans deux heures au plus
Je reviens te chercher.

DAIGLEMONT.

Je compte là-dessus.
Bon jour, dépêche-toi.

SCENE III.

DAIGLEMONT, DESCHAMPS.

DAIGLEMONT.

JUSQU'A ce qu'il arrive,
A mes chers créanciers il faut donc que j'écrive.....

DESCHAMPS.

Ecoutez donc, Monsieur; mon esprit attentif
Observe ici qu'il faut un petit correctif.

DAIGLEMONT.

Pourquoi donc?

DESCHAMPS.

Vous allez très-fort vous contredire;
Quand on est mort, je crois qu'on ne peut pas écrire.

DAIGLEMONT.

As-tu trouvé cela sans faire un grand effort?
Je compte bien aussi dater d'avant ma mort.

DESCHAMPS.

Bon.

DAIGLEMONT.

A mes créanciers je m'en vais faire entendre....

DESCHAMPS.

Quoi?

DAIGLEMONT.

Que dans l'autre monde étant près de me rendre,
Moi, je n'ai pas voulu, débiteur ſcrupuleux,
Partir pour ſi long-temps, ſans prendre congé d'eux.
Il faut des procédés.

DESCHAMPS.

Ma foi, c'eſt très-honnête;
Ils en ſeront touchés.

DAIGLEMONT.

J'ai mon deſſein en tête.
Laiſſe faire; mon ſtyle énergique & concis
Amollira leurs cœurs dans l'uſure endurcis;
Je veux que, tout contrits de leurs fraudes notoires,
Eux-mêmes de moitié réduiſent leurs mémoires.
Parbleu, ſi j'en allois faire d'honnêtes gens,
Cela ſeroit bien beau! Ne perdons point de temps;
Va chercher là-dedans mes papiers, je te prie,
Tout de ſuite...

DESCHAMPS.

Allons; c'eſt une plaiſanterie,
Monſieur; vous n'avez point de papiers, entre nous,
A moins que ce ne ſoit quelques vieux billets doux.

DAIGLEMONT.

Tu verras que tu ſais mieux que moi mes affaires?

Je

Je n'ai pas des papiers importans, nécessaires,
Griffonnés presque tous de la main des Huissiers,
Et dont m'ont fait présent Messieurs mes créanciers?
Des assignations, des comptes, des mémoires?...

DESCHAMPS.

Ah! j'y suis. Je m'en vais vous chercher ces grimoires;
Cela doit faire un beau recueil.

SCENE IV.

DAIGLEMONT *seul.*

Nous allons voir
Si j'aurai le talent d'attendrir, d'émouvoir!
C'est par le vieux Jourdain qu'il faut que je commence;
Le drôle à tout propos vante sa conscience;
Même dans son quartier il passe pour dévot.

SCENE V.

DAIGLEMONT, DESCHAMPS.

DESCHAMPS.

Voila, je crois, Monsieur, les papiers qu'il vous faut;
Vous aurez à les lire une peine effroyable,
Et je les tiens écrits de la griffe du Diable.

DAIGLEMONT.

C'est bon.

DESCHAMPS.

Monsieur a-t-il encor besoin de moi?

DAIGLEMONT.

Non, pas pour le moment; j'écrirai bien sans toi.

DESCHAMPS.

Je vais donc là-dedans voir l'objet de ma flamme.

DAIGLEMONT.

Tu t'es fait l'amoureux de cette vieille femme,
De l'Hôtesse?

DESCHAMPS.

Ma foi, Monsieur, n'en riez pas;
Elle en vaut bien la peine; & quoique ses appas
Aient au moins quarante ans, ils ont fait ma conquête.

DAIGLEMONT.

Là, sérieusement?

DESCHAMPS.

D'honneur, j'en perds la tête.
La bonne dame est veuve, & je lui fais du bien;
Et moi je suis garçon, Monsieur, & je n'ai rien.

DAIGLEMONT.

Ah! tu dois l'adorer; je n'en suis plus en peine.

DESCHAMPS.

Que voulez-vous? Je suis un cadet du bas Maine;
J'ai du ciel, en naissant, reçu, pour tout avoir,
Un grand fonds de mérite, & je le fais valoir.
J'épouserai; j'en ai pardevers moi des preuves,
Et les jolis garçons ont des droits sur les veuves.

SCENE VI.

DAIGLEMONT *seul.*

FAISONS notre travail. Justement, c'est Jourdain
Dont le compte d'abord me tombe sous la main.
Voyons-le. « Dix coupons de belle mousseline;
« Trente aunes de basin, cent vingt de toile fine ».
Je n'en ai pas levé de quoi faire un mouchoir;
J'achetois le matin pour revendre le soir....
« Total, six mille francs ». Juif, comme tu me voles!
C'est beaucoup si j'en ai tiré deux cents pistoles...
Allons; mettons-nous bien en situation;
Prêchons à mon voleur la restitution.
(*Il se met à écrire.*)
—Bon! superbe début! c'est un trait de génie!
— Ecrivons gravement; je suis à l'agonie.
— L'écriture tremblée. — Il n'aura nul soupçon.
— Mon épître vaudra celles de Cicéron.
—Cela va bien.—Oui.-- C'est ainsi qu'il faut s'y prendre.
— Quel ton persuasif! —Mons Jourdain doit s'y rendre.
Relisons. « Vieux coquin, dans une heure au plus tard,
« Je serai mort; adieu. Toute rancune à part,
» Je veux bien te donner des avis salutaires.
» Amende-toi; renonce à tes gains usuraires;
» Songe qu'en l'autre monde, où je vais aujourd'hui,
» On est fort mal reçu, chargé du bien d'autrui.

« Je crois pouvoir, sans qu'on me blâme,
» De ton mémoire au moins retrancher la moitié :
» Ce que j'en fais, mon cher, c'est par pure amitié,
» Et pour le salut de ton ame.
» De ton mémoire ainsi réduit,
» Mon oncle recevra copie ;
» Il te paiera sans scandale & sans bruit :
» Mais si, pour ton malheur, il te prend fantaisie
» De vouloir contester, tu peux compter, vieux fou.
» Qu'exprès je reviendrai pour te tordre le cou ».

SCENE VII.

DAIGLEMONT, DESCHAMPS.

DESCHAMPS.

DANS cet hôtel garni, Monsieur, un homme arrive,
Qui porte une figure assez rébarbative :
Il demande Monsieur Folleville.

DAIGLEMONT.

Et sais-tu
Qui c'est?

DESCHAMPS.

Non ; il est vieux, passablement vêtu.

DAIGLEMONT.

Ah! puisque te voilà, sers-moi de secrétaire.
Tiens, fais de cette lettre un second exemplaire ;

Puis tu porteras l'un au bon homme Jourdain,
Et l'autre au Bijoutier, à Monsieur Valentin.
Dis-leur bien qu'elle étoit depuis long-temps écrite.

DESCHAMPS,

Oui, Monsieur. Allez-vous recevoir la visite
Du quidam?

DAIGLEMONT.

Non; il vient demander de l'argent:
C'est quelque créancier, si ce n'est un Sergent.
Parbleu! tu devois bien tâcher de le connoître.

DESCHAMPS.

Mais vous-même à l'instant saurez qui ce peut être:
Je crois qu'il vient; passez dans ce cabinet-ci,
D'où l'on entend très-bien ce qui se dit ici.

(M. DAIGLEMONT, *oncle, derriere le Théâtre.*)
Entrons dans la maison.

DAIGLEMONT.

Eh! mais... je crois entendre....
Oui, c'est lui... c'est sa voix... O ciel! quel parti prendre?
C'est mon oncle....

DESCHAMPS.

Votre oncle?

DAIGLEMONT.

Eh! vîte, cachons-nous.
(*Ils emportent les papiers, & se sauvent dans le cabinet.*)

SCENE VIII.

M. DAIGLEMONT, JULIE, L'HOTESSE.

M. DAIGLEMONT.

MONSIEUR de Folleville est sorti, dites-vous ?

L'HOTESSE.

Oui, Monsieur ; mais il doit revenir tout à l'heure.

M. DAIGLEMONT.

Puisque dans cet hôtel ce jeune homme demeure,
J'y veux loger aussi. Vous aurez sûrement,
Pour ma fille & pour moi, chez vous un logement ?

L'HOTESSE.

Certainement, Monsieur, & j'ose vous répondre
Que vous serez content. Je tiens l'hôtel de Londre.
Sans vouloir me flatter, je puis dire qu'ici,
Il ne vient que des gens comme il faut, Dieu merci.

M. DAIGLEMONT.

J'en suis persuadé. Le jeune Folleville,
Que fait-il, dites-moi, dans cette grande ville?

L'HOTESSE.

Mais, Monsieur, ce qu'y font beaucoup de jeunes gens.
Il ne demeure ici que depuis peu de temps.
Rarement je l'ai vu. Puis de mes locataires
Je ne dois ni savoir ni conter les affaires.

Les gens de notre état ſont bavards, curieux;
Grace au ciel, je n'ai point ces défauts là.

M. DAIGLEMONT.

Tant mieux.

L'HOTESSE.

Sur tout ce que je ſais j'ai grand ſoin de me taire,
Et ne veux point ſavoir ce dont je n'ai que faire :
Je ne peux pas ſouffrir les indiſcrétions
De ces gens qui toujours vous font des queſtions.
Monſieur vient à Paris pour affaires, je penſe ?

M. DAIGLEMONT.

Oui ; par voir Folleville il faut que je commence.

L'HOTESSE.

C'eſt monſieur votre fils ?

M. DAIGLEMONT.

Non.

L'HOTESSE.

Ou votre neveu ?

JULIE.

Hélas! non.

L'HOTESSE.

Je trouvois... Il vous reſſemble un peu...
Il vous connoît du moins ?

M. DAIGLEMONT.

Oh! beaucoup, & je l'aime
De tout mon cœur.

L'HOTESSE.

Ici chacun en fait de même,
Et c'eſt qu'il le mérite. Entre nous, je crois bien
Qu'il s'amuſe à Paris ; eſt-on jeune pour rien ?
Le plaiſir à cet âge eſt l'importante affaire ;
Depuis huit jours au reſte il eſt fort ſédentaire ;
Un de ſes bons amis avec lui s'eſt logé ;
Celui-là, par exemple, eſt un garçon rangé ;
Il s'appelle Derbain ; il aime les ſciences,
Et ſur-tout la phyſique & les expériences :
Enfermé dans ſa chambre, il travaille toujours,
Et n'a pas mis le pied dehors tous ces huit jours.

M. DAIGLEMONT.

Ne puis-je pas le voir ?

L'HOTESSE.

Vous en êtes le maître ;
Il eſt là.

M. DAIGLEMONT.

Je ſerois charmé de le connoître ;
Je vais le ſaluer, & lui dire bon jour.
De Folleville ainſi j'attendrai le retour.
(Il s'approche avec l'Hôteſſe de la porte du cabinet.)

L'HOTESSE.

La clef eſt à la porte.

M. DAIGLEMONT *tourne la clef, & ne peut pas ouvrir.*

Eh bien donc ?

L'HOTESSE.

Pouſſez ferme.

M. DAIGLEMONT.

Mais je crois qu'on retient la porte.

(*On met un verrou en dedans.*)

Ah ! l'on s'enferme,

L'HOTESSE.

C'eſt qu'il eſt occupé : je vous l'avois bien dit.
Vous le dérangeriez.

M. DAIGLEMONT.

Allons, cela ſuffit.

(*Il crie à travers la porte.*)

Ne vous dérangez pas, Monſieur, je vous ſupplie ;
J'en ſerois déſolé ; j'aime qu'on étudie.
Je ne ſais pas pourquoi nos gens ne viennent pas ;
Je vais, pour les chercher, retourner ſur mes pas.
(*A Julie.*)
Toi, reſte avec Madame. Allons, ma bonne amie,
Tâche ici d'oublier ton chagrin ; je t'en prie.
Adieu, (*Il l'embraſſe.*)

SCENE IX.

L'HOTESSE, JULIE.

L'HOTESSE.

MADEMOISELLE, à ce que je conçois,
Voit Paris aujourd'hui pour la premiere fois ?

JULIE.

Oui, Madame.

L'HOTESSE.

Et sans doute elle en est bien joyeuse?

JULIE.

Pas beaucoup.

L'HOTESSE.

Quoi! si jeune, & si peu curieuse!
Savez-vous bien qu'il n'est au monde qu'un Paris?
Chaque étranger qui vient est enchanté, surpris;
Rien n'est si beau!... Par-tout c'est un bruit! une foule!
Sans des plaisirs nouveaux aucun jour ne s'écoule.
Il faut aller tout voir, Comédie, Opéra.

JULIE.

Qui? moi? j'irai par-tout où mon pere voudra.

L'HOTESSE.

Comment donc? aux plaisirs êtes-vous insensible?

JULIE.

Les goûter à présent me seroit impossible.

L'HOTESSE.

Pauvre enfant! quelle est donc sa situation?
Aurions-nous par hasard quelque inclination,
Quelque tendre penchant qu'un pere désapprouve?
Ah! je sais bien alors quel chagrin on éprouve,
Moi, j'ai passé par-là. Pour vous mieux désoler,
D'un vieux mari, peut-être, on veut vous affubler.
Car voilà comme on fait... Les malheureuses filles!

Toujours on les marie au gré de leurs familles,
Jamais au leur... Je vois... Vous venez à Paris
Acheter des bijoux, des étoffes de prix,
Enfin tout ce qu'il faut quand on entre en ménage,
Le trousseau?... n'est-ce pas?... A quand le mariage?

JULIE.

Mon pere n'est pas homme à me sacrifier,
Et c'est moi qui ne veux jamais me marier.

L'HOTESSE.

Ah! jamais; ne jurons de rien, Mademoiselle;
Mais enfin, d'où vous vient cette peine cruelle?
Je crois le deviner; soyez de bonne foi;
Je m'y connois un peu; vous aimez, je le voi?

JULIE.

Ah! Dieu!

L'HOTESSE

Là, faites-moi la confidence entiere.
Je suis fort indulgente en pareille matiere.
Au fait, est-ce pour rien que nous avons un cœur?
Puis, si vous aimez, c'est en tout bien, tout honneur.
Dites-moi, votre amant est-il jeune, sincere.
Vous écrit-il? a-t-il l'aveu de votre pere?
Viendra-t-il à Paris? est-il un peu jaloux?

JULIE.

Hélas! il pouvoit bien être connu de vous.

L'HOTESSE.

Bon! comment? Il a donc habité cette ville?

JULIE.

C'étoit l'intime ami de Monſieur Folleville.
Plus d'une fois ſans doute il eſt ici venu.

L'HOTESSE.

Comment le nommoit-on?

JULIE.

Daiglemont.

L'HOTESSE.

Je n'ai vu
Perſonne de ce nom. Si bien donc qu'il demeure
A Paris?

JULIE.

Il n'eſt plus; c'eſt ſa mort que je pleure.
Je le regretterai toujours comme aujourd'hui;
Je l'aimai le premier; je n'aimerai que lui.

L'HOTESSE.

Quoi! votre amant eſt mort! quel malheur effroyable!
D'honneur, cela me fait une peine incroyable.

JULIE.

Enſemble dès l'enfance élevés tous les deux,
Nous avions mêmes goûts, mêmes ſoins, mêmes jeux:
Je le voyois ſans peine adoré de mon pere;
Ce n'étoit qu'un couſin, je l'aimois plus qu'un frere....
Je n'ai plus rien au monde, & n'y veux point reſter.

L'HOTESSE.

Mademoiſelle, auſſi c'eſt trop vous attriſter;

L'usage de Paris est différent du vôtre :
Quand on perd un amant, on se pourvoit d'un autre.

JULIE.

Ma douleur est réelle, & durera toujours.

L'HOTESSE.

Bon ! bon ! soyez ici seulement quinze jours...

JULIE.

J'ai besoin de repos ; je me sens un peu lasse ;
Faites que l'on me donne une chambre, de grace.

L'HOTESSE.

Dans votre appartement je vais vous installer.

SCENE X.

L'HOTESSE, JULIE, DESCHAMPS *sort du cabinet.*

L'HOTESSE.

PARDON ; je vois quelqu'un qui voudroit me parler.
Je m'en vais dire... Holà !.. viendra-t-on quand j'appelle?
(*Un valet paroît.*)
Au grand appartement menez Mademoiselle.
Excusez-moi ; bientôt j'irai vous retrouver.

JULIE.

Restez ; seule chez moi je vais lire ou rêver.

SCENE XI.

L'HOTESSE, DESCHAMPS.

DESCHAMPS.

Ah ! vous voilà, ma Reine. A la fin on vous trouve.
Lisez-vous dans mes yeux le transport que j'éprouve ?
De joie, en vous voyant, mon cœur est chatouillé.

L'HOTESSE.

Le plaisir, près de vous, tient le mien éveillé.

DESCHAMPS.

Ça, quand épousons-nous ? car chez moi cela presse.

L'HOTESSE.

Et moi, je crains ; je vais n'être plus ma maîtresse.

DESCHAMPS.

Pourquoi donc ? Nous ferons un ménage si doux,
Que dans votre maison... La maison est à vous,
N'est-ce pas ?

L'HOTESSE.

Oui, vraiment.

DESCHAMPS.

Ah ! vous êtes charmante.
Je crois qu'elle vaut bien vingt mille francs ?

L'HOTESSE.

Oh ! trente,
Tout au moins.

DESCHAMPS.

Les beaux yeux! qu'ils ſont vifs & perçans!

L'HOTESSE.

Vous me flattez.

DESCHAMPS.

Qui? moi? Je dis ce que je ſens.
Votre mobilier paroît conſidérable?

L'HOTESSE.

Il vaut dix mille francs.

DESCHAMPS.

Vous êtes adorable.

L'HOTESSE.

J'ai beaucoup travaillé; Dieu merci, j'ai du bien.

DESCHAMPS.

Parle-t-on de cela? Fi donc! N'euſſiez-vous rien,
Je vous préférerois, belle comme vous êtes,
Aux plus riches partis... Vous n'avez point de dettes?

L'HOTESSE.

Très-peu; d'ailleurs bientôt je compte rembourſer.
J'ai de l'argent comptant.

DESCHAMPS, *en l'embraſſant.*

Je veux vous embraſſer.
Je ne puis réſiſter au déſir qui me brûle.

L'HOTESSE.

Finiſſez donc, Monſieur.

DESCHAMPS.

D'où vous vient ce ſcrupule ?

L'HOTESSE.

Eh ! mais.....

DESCHAMPS.

Ne ſuis-je pas votre futur époux ?

L'HOTESSE.

Vous avez ma parole.

DESCHAMPS.

Eh bien, que craignez-vous?
Au point où nous voilà, vos refus ſont bizarres;
Et pour qu'un marché tienne, il faut donner des arrhes.

L'HOTESSE.

Non. Femme qui les donne, aſſez ſouvent les perd ;
Et je ne ſuis déjà que trop à découvert.

DESCHAMPS.

Quoique cette pudeur à mes vœux ſoit contraire,
Je l'aime. Adieu, cher cœur. J'ai des courſes à faire ;
L'amour cede au devoir ; mais bientôt de retour,
Je reviens à vos pieds du devoir à l'amour.

Fin du premier Acte.

ACTE II.

SCENE I.

FOLLEVILLE *entre gaîment, une bourse à la main.*

J'AI touché notre argent !.... Ménageons cette bourse....
On n'use pas deux fois d'une telle ressource.....
Mille écus !... A présent, attendons Guillemot.
Pour nous mieux mettre en fonds il doit venir bientôt....
On nous l'envoye exprès... Ce cher oncle !.. je l'aime...
Il nous eût fort gênés, s'il fût venu lui-même;
Heureusement pour nous, il est très-loin d'ici...

(Il appelle du côté du cabinet.)

Tout va bien ..... Daiglemont... Daiglemont....

SCENE II.

FOLLEVILLE, M. DAIGLEMONT.

M. DAIGLEMONT, *entrant tout d'un coup par un autre côté.*

ME voici.

FOLLEVILLE.

Comment, Monsieur, c'est vous ?

M. DAIGLEMONT.

Vous le voyez ; moi-même.

FOLLEVILLE.

Est-il bien vrai ?

M. DAIGLEMONT.

D'où vient cette surprise extrême ?
Vous me saviez ici ? Vous m'appeliez ?

FOLLEVILLE.

Moi ? Non.

M. DAIGLEMONT.

Mais très-distinctement vous avez dit mon nom.

FOLLEVILLE.

Vous croyez ?

M. DAIGLEMONT.

J'en suis sûr.

FOLLEVILLE.

Cela se peut, sans doute ;
C'est l'effet des regrets que mon ami me coûte ;
Bien souvent je le nomme, & malgré son trépas,
Insensé ! je l'appelle ; il ne me répond pas.

M. DAIGLEMONT.

D'une vive amitié c'est la marque certaine.
Sa mort m'a fait aussi la plus affreuse peine !....
Vous ne m'attendiez pas, je pense ?

FOLLEVILLE.

Pas beaucoup.

M. DAIGLEMONT.

Je me suis à venir décidé tout d'un coup,
Et j'arrive un peu las, mais bien portant du reste.
Je loge en cet hôtel.

FOLLEVILLE.

Je suis, je vous proteste,
Enchanté de vous voir. Cependant, entre nous,
J'aimerois tout autant que vous fussiez chez vous.
Risquer votre santé! voyager à votre âge!

M. DAIGLEMONT.

J'avois chargé d'abord Guillemot du voyage.

FOLLEVILLE.

Il falloit qu'il le fît, & je suis affligé
Par intérêt pour vous....

M. DAIGLEMONT.

Je vous suis obligé.

FOLLEVILLE.

Vous serez mal ici; la maison est mesquine.

M. DAIGLEMONT.

Je serai près de vous; cela me détermine.

FOLLEVILLE.

Vous êtes trop honnête.

M. DAIGLEMONT.

Ah!... Vous avez reçu
Une lettre, un effet?

FOLLEVILLE.

Oui, tout m'est parvenu.

Par exemple, pourquoi vous presser de me rendre
Cette misere-là? Je pouvois bien attendre;
Pour un peu de retard, rien n'eût été perdu:
Cela ne valoit pas...

M. DAIGLEMONT.

Cela vous étoit dû;
C'étoient des déboursés, & qui, par leur nature...

FOLLEVILLE.

Ne m'ont pas un instant gêné, je vous assure.

M. DAIGLEMONT.

Oh! ça, je vais un peu voir mon appartement;
Tantôt nous parlerons d'affaires amplement.

FOLLEVILLE.

Je vais, en attendant, vous tenir compagnie.

M. DAIGLEMONT.

Non, non; restez, mon cher; point de cérémonie.

SCENE III.

FOLLEVILLE *seul.*

OH! parbleu, nous voilà dans un bel embarras!
Comment sortirons-nous d'un aussi mauvais pas?
Si le bon homme va découvrir le mystere,
Il sera contre nous d'une horrible colere;
Mais de mon plan toujours assurons le succès;
Que d'abord l'oncle paye, & qu'il se fâche après.

SCENE IV.

FOLLEVILLE, DAIGLEMONT, DESCHAMPS.

FOLLEVILLE *va à la porte du cabinet.*

Hé, notre ami, ſais-tu que ton oncle lui-même....

DAIGLEMONT.

Eſt ici. Tu nous mets dans une peine extrême,
Et qu'y gagnerons-nous ?

FOLLEVILLE.

Mais d'abord mille écus,
Qu'en fort beaux louis d'or à l'inſtant j'ai reçus.
Hé, Deſchamps, veille un peu, que l'on ne nous ſurprenne.

DESCHAMPS.

J'ai l'œil bon, Dieu merci ; ne ſoyez point en peine.
Si quelqu'un vient, j'aurai ſoin de vous avertir.

DAIGLEMONT.

Où ton adreſſe enfin pourra-t-elle aboutir ?
Là, dis-moi maintenant ce que nous allons faire ?

FOLLEVILLE.

Il n'eſt pas trop-aiſé de nous tirer d'affaire.

DAIGLEMONT.

Je le crois.

FOLLEVILLE.

Je ne vois qu'un moyen d'en ſortir.

DAIGLEMONT.

Quel eſt-il?

FOLLEVILLE.

Ma foi, c'eſt de te laiſſer mourir.
Toi défunt, il n'eſt plus néceſſaire de feindre;
Tu n'auras de ton oncle aucun reproche à craindre,
Ni moi non plus; cela nous met tous en repos.
Tiens, tu ne peux jamais mourir plus à propos.

DAIGLEMONT.

Ris; dis-nous des bons mots d'un air plaiſant & leſte.
Sais-tu qu'il faut avoir bien de l'eſprit de reſte,
Pour en vouloir fourrer par-tout comme tu fais?
Je vais tout avouer à mon oncle; je vais
Me jeter à ſes pieds.....

FOLLEVILLE.

Oui, je te le conſeille;
Prends-moi le ton pleureur; il te ſied à merveille;
Va faire le nigaud: tu n'as donc pas de cœur?
Je te demande où ſont les ſentimens, l'honneur?

DAIGLEMONT.

Mais, encore une fois, que faut-il que je faſſe?

FOLLEVILLE.

Je vais te l'indiquer; car un rien t'embarraſſe.
Notre projet enfin, juſqu'ici bien conduit,
Pour être dérangé, n'eſt pas encor détruit.
Ton oncle ne ſait pas le fin de notre hiſtoire;
Il te croit toujours mort: eh bien, laiſſons-le croire.

Toi, dans ce cabinet, renferme-toi ſans bruit;
N'en ſors pas un inſtant; ſi-tôt qu'il fera nuit,
Tu partiras, muni d'une bourſe aſſez ronde;
Et dans quelque retraite agréable & profonde,
Tandis que ton trépas cauſera nos ſoupirs,
Tu vivras à ton aiſe au milieu des plaiſirs.

DAIGLEMONT.

Et tu feras payer mes dettes?

FOLLEVILLE.

Je l'eſpere.

DAIGLEMONT.

C'eſt que c'eſt là le point important de l'affaire.

FOLLEVILLE.

En as-tu fait l'état? Peux-tu me le donner?

DAIGLEMONT.

Pas encore.

FOLLEVILLE.

Avant tout, il faut le terminer.
Tes créanciers, voyons, que leur as-tu fait dire?

DAIGLEMONT.

Tantôt à quelques-uns j'ai pris le ſoin d'écrire
Qu'on leur payeroit moitié.

FOLLEVILLE.

Fort bien. Mon cher Deſchamps,
Il faut nous ſeconder.

DESCHAMPS.

Volontiers; j'y conſens.

FOLLEVILLE.

Fais autour de notre oncle exacte ſentinelle ;
Entends, obſerve tout ; ſois prêt, ſi je t'appelle.
(*A Daiglemont.*)
De ton état paſſif allons nous occuper ;
Viens ; le ſuccès en vain ſemble nous échapper ;
J'en réponds ; tu verras, en affaire pareille,
Que j'exécute encor mieux que je ne conſeille.

(*Folleville & Daiglemont rentrent dans le cabinet.*)

SCENE V.

DESCHAMPS *ſeul.*

LAISSEZ-MOI faire, allez ; je ne ſuis pas un ſot,
Et je prétends ici vous aider comme il faut.
Quelqu'un vient... C'eſt notre oncle... Il a tort. Comment diantre ?
Là dedans à préſent il ne faut pas qu'il entre ;
Cherchons quelque moyen de l'arrêter ici. . .
Il s'agit de mentir. . . c'eſt aiſé. . . m'y voici.

SCENE VI.

M. DAIGLEMONT, DESCHAMPS.

M. DAIGLEMONT.

FOLLEVILLE eſt chez lui ? Sans doute il eſt viſible,
N'eſt-ce pas, mon ami ?

DESCHAMPS.

Que vois-je? Eſt-il poſſible?
Ah! Monſieur, je me jette à vos pieds.

M. DAIGLEMONT.

Que veux-tu?
D'où nous connoiſſons-nous? Tu ne m'as jamais vu.

DESCHAMPS.

Oh! cela ne fait rien. Je ſais vous reconnoître.
Vous reſſemblez ſi fort à feu mon pauvre maître!
Il faut que vous ſoyez ſon oncle Daiglemont:
Oui, Monſieur, c'eſt vous-même, & mon cœur m'en répond.

M. DAIGLEMONT.

Tu ſervois mon neveu?

DESCHAMPS.

Jugez de ma diſgrace;
Vous ſentez que ſa mort m'a fait perdre ma place:
Il n'a pu me garder. Ah! quel événement!
Je l'ai donc vu mourir ce jeune homme charmant,
Qui menoit à ſon âge une vie exemplaire,
Qui, dès qu'il ſe montroit, étoit certain de plaire;
Beau comme un ange.... Enfin, c'étoit votre portrait.

M. DAIGLEMONT.

Il me reſſembloit fort; oui, chacun le diſoit.
Mais adieu; je vais voir Folleville.

DESCHAMPS *le retenant.*

Ah! j'eſpere

Que vous compatirez, Monſieur, à ma miſere.
Hélas ! j'ai ſur les bras ma femme & quatre enfans.

M. DAIGLEMONT.

Je te plains. Mais il faut que j'entre là-dedans.

DESCHAMPS, *le retenant encore.*

Monſieur, les malheureux aiment qu'on les écoute,
Qu'on les plaigne ; & c'eſt là le ſervice ſans doute
Qu'on rend plus volontiers ; car il ne coûte rien.

M. DAIGLEMONT.

Va, va, je tâcherai de te faire du bien.

DESCHAMPS.

Monſieur, pour un moment ſi je vous intéreſſe,
Je ſuis content... Me voir ſi fort dans la détreſſe !...
Feu Monſieur me diſoit : Deſchamps, reſte avec moi ;
Tu ne manqueras pas ; je prendrai ſoin de toi ;
Si je viens à mourir, je prétends & j'ordonne
Que jamais après moi tu ne ſerves perſonne,
Et je n'oublierai pas de faire un teſtament,
Afin de te laiſſer de quoi vivre aiſément.
Mais il eſt bruſquement parti pour l'autre monde...
En pleurs, lorſque j'y penſe, il faut bien que je fonde....
Etre emporté ſi vîte !... Ah ! j'en perdrai l'eſprit.

M. DAIGLEMONT.

Le pauvre malheureux ! Vraiment, il m'attendrit.
Va, je te placerai comme il faut ; ſois tranquille.
Mais, encore une fois, je veux voir Folleville.
Adieu.

DESCHAMPS.

Pardon, si j'ose encor vous arrêter.
C'est que réellement je ne puis vous quitter.

SCENE VII.

M. DAIGLEMONT, DESCHAMPS, FOLLEVILLE *sort du cabinet.*

M. DAIGLEMONT.

Ah! vous voilà, mon cher? chez vous j'allois me rendre.

FOLLEVILLE.

Comment! Est-ce qu'ici l'on vous a fait attendre?

M. DAIGLEMONT.

Il n'importe; le temps ne m'a pas semblé long,
Et je causois avec cet honnête garçon.

DESCHAMPS.

Oui; j'amusois Monsieur.

DAIGLEMONT.

C'est un bon domestique,
A ce qu'il paroît?

FOLLEVILLE.

Lui? c'est un sujet unique.

M. DAIGLEMONT.

Et Daiglemont devoit en être bien content?

FOLLEVILLE.

Daiglemont ? . . . en faisoit l'éloge à chaque instant.

M. DAIGLEMONT.

Puisque vous m'en rendez un si bon témoignage,
Je veux de mes bontés lui donner quelque gage.
Prends ce double louis à compte.

DESCHAMPS.

En vérité,
Monsieur, c'est déjà plus que je n'ai mérité.

M. DAIGLEMONT.

Non, non, tous tes discours montrent une belle ame ;
Va, va-t'en retrouver tes enfans & ta femme ;
Console-les ; dis-leur qu'à partir d'aujourd'hui,
Je prétends devenir leur pere, & ton appui.

DESCHAMPS.

Je n'avois pas compté recevoir ce salaire ;
Mais on gagne toujours quelque chose à bien faire.

SCÈNE VIII.

M. DAIGLEMONT, FOLLEVILLE.

M. DAIGLEMONT.

ÇA, parlons des motifs qui m'amenent ici.
Vous nous avez mandé que dans ce pays-ci,
Mon neveu, que je plains, a laissé quelques dettes;

Moi-même je verrai comment elles sont faites;
Je suis assez surpris qu'il ait pu s'endetter.
Puis de l'occasion j'ai voulu profiter
Pour faire voir Paris à ma pauvre Julie,
Et la distraire un peu de sa mélancolie.
Cet enfant se désole; elle aimoit son cousin;
Je cherche les moyens d'adoucir son chagrin,
Et c'est pour elle aussi que j'ai fait le voyage.

FOLLEVILLE.

Tout cela me paroît on ne peut pas plus sage.

M. DAIGLEMONT.

Savez-vous à peu près combien doit mon neveu?

FOLLEVILLE.

Mais, Monsieur, c'est selon; il doit beaucoup & peu.

M. DAIGLEMONT.

Comment l'entendez-vous?

FOLLEVILLE.

Cela peut vous surprendre;
Mais dans l'instant, je crois, vous allez me comprendre:
Envers ses créanciers il a bien reconnu
Qu'il leur devoit beaucoup; mais il a peu reçu.

M. DAIGLEMONT.

Mais vous me parlez là de mauvaises affaires;
Il a donc contracté des dettes usuraires?

FOLLEVILLE.

Un jeune homme peut-il emprunter autrement?
Il faut qu'au poids de l'or il achete l'argent.

M. DAIGLEMONT.

De voir les créanciers il faut que je m'occupe.

FOLLEVILLE.

Je pourrai vous aider à n'être pas leur dupe.

M. DAIGLEMONT.

Oui? Comment?

FOLLEVILLE.

J'ai sur eux de bons renseignemens;
Et Daiglemont lui-même, à ses derniers momens,
A fait l'état au vrai de ses dettes passives,
Dûment apostillé de notes instructives.

M. DAIGLEMONT.

Vous me le remettrez?

FOLLEVILLE.

Très-volontiers.

M. DAIGLEMONT.

C'est bon.

FOLLEVILLE.

Ces Messieurs aisément n'entendront pas raison;
Mais pour mieux parvenir à la leur faire entendre,
Offrez de les payer comptant, & sans attendre;
Ils se décideront; ils sont gens à savoir
Très-bien ce que par heure un écu peut valoir.
Plus tard on leur rendroit, plus il faudroit leur rendre.

M. DAIGLEMONT.

Très-grand merci des soins que vous voulez bien prendre.

FOLLEVILLE.

Bon! c'est avec plaisir, & par pure amitié :
Je voudrois que déjà vous eussiez tout payé.

M. DAIGLEMONT.

Nous verrons tout cela... Mais que nous veut ma fille?

SCENE IX.

LES MÊMES, JULIE.

JULIE.

L'HOTESSE me fait fuir ; sans cesse elle babille ;
Son caquet à la fin me lasse & m'étourdit.

M. DAIGLEMONT.

Mais sans trop prendre garde à tout ce qu'elle dit,
Cela te distrairoit ; tu serois plus tranquille.
Ma chere enfant, tu vois Monsieur de Folleville ;
C'étoit le bon ami du pauvre Daiglemont.

FOLLEVILLE *saluant Julie.*

Puis-je vous assurer de mon respect profond?

JULIE.

Monsieur....

M. DAIGLEMONT.

Tu te plais mieux toute seule?

JULIE.

Mon pere,

Je vous fais de la peine ; excusez.

M. DAIGLEMONT.

Va, ma chere;
(*à Folleville.*)
Je ne puis t'en vouloir. Encor de nouveaux pleurs.

FOLLEVILLE *à Julie.*

Je ſuis loin de blâmer vos regrets, vos douleurs.
De mon ami pour vous j'ai connu la tendreſſe;
Mais on peut vaincre enfin la plus juſte triſteſſe.
Nous nous empreſſerons tous de vous conſoler.

M. DAIGLEMONT.

Il a grande raiſon; on ne peut mieux parler.
(*à Folleville.*)
Allons voir nos Meſſieurs. Ma fille, je vais faire
En ſorte de finir promptement toute affaire;
Puis à tes moindres vœux, tout prêt à conſentir,
Tu n'auras qu'à vouloir, pour te bien divertir.
(*Ils ſortent tous, excepté Julie.*)

SCENE X.

JULIE *ſeule.*

AH! dieu! dans le chagrin dont je ſuis tourmentée,
De quels amuſemens pourrois je être flattée?
Il n'en eſt plus pour moi... Cher couſin!.. Non, jamais...
Je ſens bien à préſent à quel point je l'aimois...
Je le perds... pour toujours... Cette idée eſt affreuſe.
Je ne le verrai plus.... Ah! pleure malheureuſe,
Pleure... Oh! ſi je pouvois, une fois ſeulement,

Le

Le revoir, lui parler !... ne fût-ce qu'un moment !...
Pour un moment si doux, je donnerois ma vie.....

SCENE XIII.

JULIE, DAIGLEMONT *sort du cabinet.*

JULIE.

Ah ! grand Dieu ! me trompé-je ?

DAIGLEMONT.

O ma chere Julie !

JULIE.

Il me parle !... Est-il vrai ?... Daiglemont, est-ce toi ?

DAIGLEMONT.

Ma charmante cousine, ah ! n'aie aucun effroi !

JULIE.

Je ne t'ai point perdu ?

DAIGLEMONT.

Revois celui qui t'aime.
Oui, je vis, & pour toi je suis toujours le même ;
Sur un récit trompeur, cesse de me pleurer.

JULIE.

Mais explique-moi donc ?....

DAIGLEMONT.

Il faut te déclarer

La vérité ; J'étois... Ciel ! on vient ; prenons garde ;
C'est l'Hôtesse ; feignons ; car c'est une bavarde.

SCENE XIV.

JULIE, DAIGLEMONT, L'HOTESSE.

L'HOTESSE.

Ah ! ah ! Monsieur Derbain, je vous rencontre ici?

JULIE.

Monsieur Derbain ? ... Mais...

DAIGLEMONT.

Oui ; c'est moi qu'on nomme ainsi,
Mademoiselle.

L'HOTESSE *à Julie.*

Et vous, pourquoi donc, je vous prie,
Nous fuir ? Pour vous livrer à votre rêverie ?
Mais Monsieur votre pere, en sortant, m'a prescrit
De chercher les moyens d'égayer votre esprit.
Je ne vous quitte plus.

JULIE.

C'est avoir trop de zele.

DAIGLEMONT.

Moi, j'arrive, & j'ai fait peur à Medemoiselle ;
En entrant tout d'un coup ; j'ai mal pris mon momeat.

JULIE.

Oui, vous m'avez causé beaucoup d'étonnement ;
Mais je ne m'en plains pas.

L'HOTESSE.

Ah ! vous êtes si bonne !

(*à Daiglemont.*)

Je cherche à consoler cette jeune personne ;
Aidez-moi, s'il vous plaît ; causons un peu tous deux ;
Cela l'amusera.

DAIGLEMONT.

De bon cœur ; je le veux.
Eh ! tenez, je m'en vais vous conter une histoire
Qui vient fort à propos s'offrir à ma mémoire.

L'HOTESSE.

Voyons donc.

DAIGLEMONT.

Vous savez comme les jeunes gens,
Pour dépenser ici, rançonnent leurs parens ;
Ils ont, pour les tromper, des ruses incroyables.

L'HOTESSE.

C'est que tous ne sont pas, comme vous, raisonnables.

DAIGLEMONT.

Or écoutez le tour qu'ont fait deux étourdis,
Dont l'un, je vous l'avoue, est fort de mes amis.
L'autre suppose un jour que son cher camarade
Est mort, après avoir été long-temps malade ;
A l'oncle du défunt il écrit tristement,
Lui conte avec détails la mort, l'enterrement,
En réclame les frais ; l'oncle, honnête & brave homme,
S'empresse d'envoyer une assez forte somme...

L'HOTESSE.

S'il n'est pas vrai, le conte au moins est bien trouvé.

DAIGLEMONT.

Un conte?... Point du tout; le fait est arrivé.

JULIE.

Tant pis; je blâme fort un pareil artifice.

DAIGLEMONT.

Permettez; mon ami n'en étoit point complice;
Il n'a même à la ruse en rien contribué;
C'est sans le prévenir que l'autre l'a tué.

JULIE.

Ces deux Messieurs menoient une belle conduite!

DAIGLEMONT.

Enfin, de mon récit écoutez donc la suite.
L'oncle arrive; jugez quel embarras cruel!
Pour mon ami sur-tout un chagrin bien réel
Vint de ce qu'il aimoit, & de toute son ame,
Une jeune beauté bien digne de sa flamme;
Dès l'âge le plus tendre il en étoit épris...

JULIE.

Et peut-être il l'avoit oubliée à Paris?

DAIGLEMONT.

Oh! non; elle n'est pas de celles qu'on oublie.
Comptez qu'il l'aime encore, & pour toute sa vie:
Aussi, sans désespoir, il ne pouvoit songer
Qu'elle alloit de sa mort peut-être s'affliger;
Et quoiqu'il n'eût pas eu de part au stratagême,
Il se le reprochoit, s'en vouloit à lui-même

Du chagrin qu'elle avoit senti... Mais, par bonheur,
Il trouva le moyen de la tirer d'erreur,
Lui peignit son amour, son repentir sincere:
Pensez-vous qu'elle fut bien long-temps en colere?
Que fit-elle? Voyons; daignez le deviner.

JULIE.

Elle fut assez bonne encor pour pardonner.

L'HOTESSE.

Oh! je le gagerois. Voilà comme nous sommes!
On ne nous passe rien; nous passons tout aux hommes.

DAIGLEMONT.

Elle fit plus encore.

JULIE.

Eh! quoi donc? Pour le coup...

DAIGLEMONT.

Sur l'oncle du jeune homme elle pouvoit beaucoup;
Elle avoit de l'esprit, une grace adorable;
Elle en obtint l'oubli d'une faute excusable;
Même on dit que l'hymen d'elle & de son amant,
De cette intrigue enfin fut l'heureux dénoûment.

JULIE.

Ah! vous brodez, Monsieur.

L'HOTESSE.

J'aime fort cette histoire.

JULIE.

Oui; mais au dénoûment je n'ose guere croire.

Jugez, en apprenant comme tout s'eſt paſſé,
A quel point l'oncle doit ſe trouver offenſé.
La paix, après cela, n'eſt pas aiſée à faire.

DAIGLEMONT.

Ah! vous arrangeriez une pareille affaire,
Si vous vous en mêliez.

JULIE.

Je n'oſe m'en flatter.
J'y ferois mes efforts; vous pouvez y compter.

DAIGLEMONT.

Pardon, Mademoiſelle; il faut que je vous quitte.

L'HOTESSE.

Vous êtes bien preſſé; pourquoi partir ſi vîte?

DAIGLEMONT.

Oh! c'eſt bien à regret.

(*bas à Julie.*)

Mon oncle peut venir.

JULIE.

Monſieur, je ne veux point ici vous retenir.
Pourtant à vos récits je prêterois l'oreille
Avec bien du plaiſir. Vous contez à merveille.

DAIGLEMONT.

Ah! ſi le dénoûment n'en étoit plus douteux,
L'hiſtoire que j'ai dite en vaudroit beaucoup mieux.

SCENE XV.

L'HOTESSE, JULIE.

L'HOTESSE.

IL vous a divertie ; oui, la chose est certaine.

JULIE.

Son entretien m'a plu ; j'en conviendrai sans peine.

L'HOTESSE.

Je m'en suis aperçue ; & ce Monsieur Derbain,
Pour être aimable, vaut, je crois, votre cousin.

JULIE *souriant.*

Mais je le crois aussi.

L'HOTESSE.

Bon ! cela vous fait rire ?
Vous serez consolée ; ai-je eu tort de le dire ?
Je mettois quinze jours ; mais je vois maintenant ;
Grace à Monsieur Derbain, qu'il n'en faudra pas tant.

Fin du second Acte.

ACTE III.

SCENE I.

JULIE *seule.*

Je reviens en ces lieux, & mon cœur m'y ramene :
Quel bonheur ! quelle joie incroyable & soudaine !
Cher cousin ! Je voudrois le revoir, lui parler!....
Si cela se pouvoit sans qu'on vînt nous troubler !
Déjà quelqu'un? Combien cela me contrarie !

SCENE II.

M. DAIGLEMONT, FOLLEVILLE, M. JOURDAIN, M. MICHEL, JULIE.

DAIGLEMONT.

Entrez, Messieurs, entrez; sans façons, je voue prie.
Vous veniez pour me voir, & je sors de chez vous.
Ainsi fort à propos nous nous rencontrons tous.
(*Apercevant Julie.*)
Ah ! ma fille, c'est toi ?

JOURDAIN.

Charmante demoiselle !

MICHEL.

On est heureux d'avoir une fille si belle!

M. DAIGLEMONT.

Eh! que faisois-tu là?

JULIE.

Qui? moi? je vous attends;
Avec ces Messieurs-là serez-vous bien long-temps?

M. DAIGLEMONT.

Je ne sais; nous avons des affaires ensemble;
Daiglemont s'est beaucoup endetté, ce me semble.
Ce sont des créanciers qu'il me laisse à payer.

JULIE.

Il faut finir cela sans vous faire prier.
Ces Messieurs sont des gens honnêtes, j'en suis sûre;
L'exacte probité se peint sur leur figure:
Demandez-leur; ils ont trop d'honneur, de vertu,
Pour venir réclamer plus qu'il ne leur est dû.

JOURDAIN.

Je dis... Mademoiselle... Oh! vous êtes bien bonne.

MICHEL.

Voilà ce qui s'appelle une aimable personne.

JULIE.

Terminez promptement; ensuite dans Paris
Nous nous promenerons; vous me l'avez promis;
Vous me ferez tout voir, les jardins, les spectacles:
On dit que c'est ici le pays des miracles;

Quant à moi, je conviens que je n'aurois pas cru,
En arrivant, y voir ce que j'ai déjà vu.

M. DAIGLEMONT.

Eh! mais! comme elle est gaie! & comme elle babille!
Est-il rien si léger que l'esprit d'une fille?
Vous avez vu tantôt les pleurs qu'elle a versés.

JULIE.

Oh! mes plus grands chagrins à présent sont passés;
Et même le moment n'est pas bien loin, j'espere,
Où je n'en aurai plus du tout. Adieu, mon pere.
Bon jour, Messieurs.

M. DAIGLEMONT.

Bon jour.

SCENE III.

LES PRÉCÉDENS, *excepté* JULIE.

M. DAIGLEMONT.

Je serois enchanté
Que cette chere enfant retrouvât sa gaîté.
Oh! ça, Messieurs, je suis à vous. Mais le jour baisse;
Holà, de la lumiere.

(*Un Valet apporte des bougies, qu'il pose sur la table.*)

Il suffit; qu'on nous laisse.
Pour nous entendre mieux, d'abord asseyons-nous.

MICHEL.

Bien vu.

M. DAIGLEMONT.

Monſieur Jourdain, ça, commençons par vous.

JOURDAIN.

Volontiers ; mon objet n'eſt pas conſidérable.
Puis, je crois que Monſieur eſt juſte & raiſonnable,
Et qu'il ne voudroit pas qu'on perdît avec lui.
Le commerce eſt vraiment périlleux aujourd'hui.
Regardez... du défunt voilà bien l'écriture,
Et ſa reçonnoiſſance au bas de ma facture.

M. DAIGLEMONT.

Voyons... Six mille francs.. Vous vous moquez, je crois?
Quoi ! pour deux mille écus de toile en dix-huit mois?
Je vous demande un peu ce qu'il en a pu faire.

JOURDAIN.

Je n'en ſais rien, Monſieur; ce n'eſt pas mon affaire.
J'ai vendu, j'ai livré; je ne ſais que cela;
Il faut que l'on me paye.

FOLLEVILLE.

Ah! doucement; j'ai là
Certains renſeignemens qui doivent nous apprendre
Comment Monſieur Jourdain a le talent de vendre.

JOURDAIN.

Monſieur, je ſuis Syndic de ma Communauté,
Et je n'ai rien à craindre en fait de probité.
Je ſuis connu; depuis quarante ans que j'exerce...

FOLLEVILLE.

Oh! Monsieur le Syndic sait le fin du commerce.
Ça, ne nous fâchons pas, mon cher Monsieur Jourdain.
De Daiglemont aussi vous connoissez la main.
Voici. . . . .

JOURDAIN.

D'ailleurs, Monsieur, l'article est sur mes livres.

FOLLEVILLE.

Il est encore ici; tenez : « Six mille livres.
» Il est vrai que Jourdain m'a vendu sur ce pié;
» Mais Durand, son voisin & son associé,
» M'a racheté le tout avec deux tiers de perte;
» Par ce moyen, pour moi leur bourse s'est ouverte;
» J'ai reçu l'argent; mais la toile & le basin
» N'ont fait qu'aller de l'un dans l'autre magasin ».

JOURDAIN.

Monsieur, à tout cela je ne dois rien entendre;
Quand on se fait Marchand, je crois que c'est pour vendre.
Les temps sont durs, Monsieur, & tout n'est pas profit:
On vit comme l'on peut.

FOLLEVILLE.

Eh! oui; c'est fort bien dit.
Monsieur Jourdain raisonne en pere de famille;
Aussi dit-on qu'il vient de marier sa fille
Avec un Procureur : il a donné comptant
Vingt mille écus de dot.

JOURDAIN.

Et je n'ai plus d'argent.

FOLLEVILLE.

On vous en donnera ; mais rendez-vous traitable.

M. DAIGLEMONT.

Et vous, Monſieur Michel, ſerez-vous raiſonnable?
Voyons, que vous faut-il ?

MICHEL.

Vous l'allez voir bientôt.
Mon affaire eſt très-ſimple ; & cela n'a qu'un mot.
C'eſt de l'argent prêté ; j'ai le billet en poche.
Le voici. J'ai long-temps attendu, ſans reproche.
Il eſt de cent louis, que vous m'allez compter.

FOLLEVILLE.

Ah ! vous nous permettrez d'abord de conſulter
Nos notes ; le défunt tout exprès les a faites.

MICHEL.

Monſieur. . . .

FOLLEVILLE.

Tenez. . . « Michel. . . C'eſt l'article où vous êtes.
» Cent Louis, par billet, que j'ai dans peu de temps
» Trois fois renouvelé : j'ai reçu neuf cents francs ».

M. DAIGLEMONT.

Oh ! c'eſt trop fort ; vit-on jamais pareille uſure?

MICHEL.

Monſieur, je ne crois pas mériter cette injure,
Pour avoir obligé Monſieur votre neveu ;
Je l'aimois tendrement. . . .

M. DAIGLEMONT.

Il y paroît, parbleu!

Quel métier faites-vous?

MICHEL.

Monſieur, je fais la banque;

Et j'avance au public des fonds, quand il en manque.
Vous entendez fort bien, lorſque l'on fait un prêt,
Qu'il faut en retirer un certain intérêt.
N'eſt ce pas que l'argent qu'en mon coffre je ſerre,
Je pourrois l'employer en de bons fonds de terre,
En maiſons, en contrats? J'en recevrois des fruits.
Qu'importe la façon dont ils me ſont produits?

M. DAIGLEMONT.

Vous ſavez employer au mieux votre fortune,
Et vous faites, mon cher, trois récoltes pour une.

MICHEL.

Oui; mais les non-valeurs, les riſques que je cours...

M. DAIGLEMONT.

Oh! ça, Meſſieurs, tranchons d'inutiles diſcours;
Je vous offre à chacun moitié de vos créances;
Voyez; l'argent eſt prêt; faites-moi vos quittances.

JOURDAIN.

Cela ne ſe peut pas.

MICHEL.

Moi, je veux tout ou rien.

M. DAIGLEMONT.

Décidément?

JOURDAIN.

Très-fort.

M. DAIGLEMONT.

Quittons cet entretien ;
Messieurs, vous finiriez par m'échauffer la bile ;
Je vous laisse. Venez ; suivez-moi, Folleville.

MICHEL.

Ce n'est pas avec moi qu'on devroit marchander.

M. DAIGLEMONT.

Songez qu'avant ce soir il faut vous décider.
Adieu ; retenez bien ma derniere parole.
Aujourd'hui, la moitié ; demain, pas une obole.

SCENE IV.

JOURDAIN, MICHEL.

JOURDAIN.

QUEL parti prendrez-vous ?

MICHEL.

Eh ! mais, il est tout pris ;
A ces manieres-là nous sommes aguerris.
Vous verrez qu'on doit faire une avance très-forte,
Sans que l'argent vous rentre, & sans qu'il vous rapporte.

JOURDAIN.

Et s'ils vont nous plaider ?

MICHEL.

Quoi ! cela vous fait peur,
Tandis que vous avez un gendre Procureur ?

JOURDAIN.

J'entends mal les procès.

MICHEL.

Oh ! qu'à cela ne tienne,
Mon ami ; je suivrai votre affaire & la mienne ;
En nous réunissant, il en coûtera moins.
Vous en ferez les frais ; j'y donnerai mes soins.

JOURDAIN.

Mais l'écrit du défunt qu'ils viennent de nous lire,
En justice ils auront grand soin de le produire ?

MICHEL.

Eh ! que fait cet écrit ? On ne le croira pas.
Pensez-vous que le mort revienne de là-bas,
Tout exprès pour plaider contre nous, pour se plaindre ?

JOURDAIN.

Mais non ; je ne crois pas que cela soit à craindre.
Il m'en avoit pourtant menacé...

MICHEL.

Bon ! Comment ?

JOURDAIN.

Par ce billet ; lisez ; à la fin seulement.

MICHEL *lit.*

Tu peux compter qu'exprès je reviendrai... Folie !

Vous

Vous sentez bien que c'est une plaisanterie;
On n'est point effrayé d'un mot comme cela,
Quand on a de l'esprit...

JOURDAIN.

Oh! oui, quand on en a....

MICHEL.

Est-ce que vous croyez aux revenans?

JOURDAIN.

Moi? guere.

MICHEL.

Un peu?

JOURDAIN.

Mais....

MICHEL.

Bon! ce sont des contes de grand'mere;
Chez les honnêtes gens, personne n'y croit plus.

JOURDAIN.

Ne badinez donc pas, de grace, là-dessus.

MICHEL.

On fait sur ce sujet bien des récits bizarres;
Il faut s'en défier; les esprits sont très-rares...

DAIGLEMONT *dans le cabinet, sans se montrer, & grossissant sa voix.*

Vous êtes un fripon.

MICHEL.

Plaît-il, Monsieur Jourdain?

JOURDAIN.

Moi, je n'ai point parlé.

DAIGLEMONT *de même.*

Vous êtes un coquin.

JOURDAIN.

Vous dites?

MICHEL.

Pas un mot.

DAIGLEMONT *de même.*

Vous apprendrez, canaille,
Si c'est impunément que d'un mort on se raille.

MICHEL.

Nous ne sommes pas seuls.

DAIGLEMONT *de même.*

Craignez d'être traités
Aussi séverement que vous le méritez.

JOURDAIN.

Juste ciel! c'est sa voix!

MICHEL.

Mais je crois reconnoître
En effet...

JOURDAIN.

De ma peur je ne suis pas le maître.

SCENE V.

JOURDAIN, MICHEL, DAIGLEMONT *sort du cabinet, souffle les bougies; on baisse les lampes; le théâtre est dans l'obscurité.*

DAIGLEMONT.

SCÉLÉRATS!

(JOURDAIN & MICHEL *tombent par terre de frayeur.*)

JOURDAIN.

Ah! mon Dieu!

MICHEL.

Pardon, mille pardons.

JOURDAIN.

Oui, vous disiez bien vrai; nous sommes des fripons.

MICHEL.

Qu'exigez-vous de nous? car je suis dans des transes....

DAIGLEMONT.

Si vous n'abandonnez moitié de vos créances ..

MICHEL.

Oh! je vous le promets.

JOURDAIN.

Et moi j'en fais le vœu.

MICHEL.

Nous vous obéirons.

DAIGLEMONT.

N'y manquez pas. Adieu.

SCENE VI.

JOURDAIN, MICHEL.

MICHEL.

Est-il parti?

JOURDAIN.

Vraiment, tâchez d'y voir vous-même.

MICHEL.

Je ne puis revenir de ma frayeur extrême;
Car c'étoit lui, bien lui.

JOURDAIN.

Vous faisiez l'esprit fort
Pourtant; vous prétendiez....

MICHEL.

Je vois que j'avois tort.

JOURDAIN.

Sûrement vous l'aviez; & voilà bien qui prouve
Qu'il faut croire....

SCENE VII.

LES MÊMES, M. DAIGLEMONT. *Un Valet l'éclaire ; on releve les lampes.*

M. DAIGLEMONT.

Ah ! Messieurs, ici je vous retrouve ?...
Vous étiez sans lumiere ?

MICHEL.

On nous en a défaits.

M. DAIGLEMONT.

J'ai cru ma fille ici.

JOURDAIN.

Monsieur, sans nuls délais,
Nous voulons avec vous finir, coûte qui coûte.

M. DAIGLEMONT.

J'offre toujours moitié ; l'acceptez-vous ?

MICHEL.

Sans doute.

M. DAIGLEMONT.

J'ai vos sommes en or ; je vais vous les payer.

JOURDAIN.

Faites-nous le plaisir de nous expédier.

MICHEL.

Je vous rends le billet.

JOURDAIN.

Moi, la reconnoiſſance;
Tenez, j'avois au bas mis mon acquit d'avance.
Nous avons fait; partons. S'il revenoit!

M. DAIGLEMONT.

Eh! qui?

MICHEL.

Votre neveu.

M. DAIGLEMONT.

Comment?

JOURDAIN.

Son ame en ce lieu-ci
Revient; nous l'avons vue; elle étoit furibonde!

MICHEL.

Pour nous faire du tort, venir de l'autre monde!

M. DAIGLEMONT.

Mais comptez donc votre or.

MICHEL.

Il n'en eſt pas beſoin.
Adieu.

JOURDAIN.

Nous voudrions être déjà bien loin.

M. DAIGLEMONT.

Adieu, Meſſieurs.

SCENE VIII.

M. DAIGLEMONT *seul.*

Eh ! mais, qu'est-ce qu'ils veulent dire ?
Que mon neveu revient ? Sont-ils dans le délire ?
Si je n'étois bien sûr de son trépas !... Mais quoi ?
Le remords peut chez eux avoir produit l'effroi ;
Ou bien ils font exprès un conte... J'en profite
En tout cas... Et de deux toujours dont je suis quitte.

SCENE IX.

M. DAIGLEMONT, L'HOTESSE.

L'HOTESSE.

Monsieur, c'est une lettre ; elle est pour vous, je croi.

M. DAIGLEMONT.

A Monsieur Daiglemont. C'est mon nom ; c'est pour moi.
Oui.

L'HOTESSE.

Monsieur est toujours satisfait de son gîte ?

M. DAIGLEMONT

Très-satisfait.

L'HOTESSE.

Pardon ; je me sauve bien vîte.

Il m'arrive du monde, & notre état prescrit....
Adieu, Monsieur.

M. DAIGLEMONT.

Adieu.

SCENE X.

M. DAIGLEMONT *seul.*

QU'EST-CE donc qui m'écrit?
Et qui diantre déjà me sait dans cette ville?

(*Il lit la lettre.*)

« *Pour moi c'est un plaisir, cousin,*
» *De trouver à vous être utile;*
» *Votre lettre de ce matin*
» *m'apprend qu'en ce moment, pour ranger vos affaires,*
» *Quinze cents francs vous seroient nécessaires* ».
Se moque-t-on de moi? Je n'ai besoin de rien.
» *On vous voit rarement, & cela n'est pas bien.*
» *Ne négligez donc plus un parent qui vous aime.*
» *Votre argent est tout prêt; si vous voulez l'avoir,*
» *Vous viendrez le chercher vous-même;*
» *C'est ma condition. Venez souper ce soir.*
» *Votre cousin Dortis* »... Eh! mais... Est-il possible?
Oui; c'est pour mon neveu; la chose est très-visible....
Mon neveu?... Ce matin?... Il ne seroit pas mort?
J'en serois bien content; mais le tour seroit fort;
Je saurois l'en punir d'une façon sévere.

Ces Messieurs qui l'ont vu ne m'étonnent plus guere.
Voici fort à propos le fripon de valet; ...
Le drôle est, à coup sûr, confident du secret.

SCENE XI.

M. DAIGLEMONT, DESCHAMPS.

M. DAIGLEMONT.

VIENS, maraud; tu m'as fait une friponnerie.

DESCHAMPS.

Moi, Monsieur? vous croyez?

M. DAIGLEMONT.

La chose est éclaircie;
Mon neveu n'est pas mort.

DESCHAMPS.

Il n'est pas mort, Monsieur?
En êtes-vous bien sûr? Se peut-il? Quel bonheur!

M. DAIGLEMONT.

Tu le sais mieux que moi, coquin, qu'il vit encore.

DESCHAMPS.

Si l'on vous a trompé, comptez que je l'ignore.

M. DAIGLEMONT.

Maître fourbe, à l'instant tu vas tout déclarer,
Ou bien sous le bâton je te fais expirer.

DESCHAMPS.

Puisque vous vous fâchez, Monsieur, je me retire.

M. DAIGLEMONT.

Non non, pendart, il faut demeurer, & tout dire.
Je pénetre à préſent votre complot caché.
Parle, ou tu n'en ſeras pas quitte à bon marché.

DESCHAMPS.

Monſieur, à deux genoux je vous demande grace.

M. DAIGLEMONT.

De tes mauvais diſcours à la fin je me laſſe.

DESCHAMPS *parle alternativemet très-bas & très-haut.*

Bas. *haut.*
Monſieur, écoutez-moi. — Monſieur, en vérité,
bas.
Je ne ſais rien du tout. — Venez de ce côté.
haut.
— Mon Maître eſt bien défunt. — Il ſe porte à merveille.
— Rien n'eſt plus vrai. — J'ai peur qu'il ne prête l'oreille.
— Je dois bien le ſavoir ; j'ai ſuivi ſon convoi.
— S'il entendoit un mot, ce ſeroit fait de moi.
— Faut-il, ſi jeune encor, que la mort nous l'arrache?
Ah ! — Dans ce cabinet, il eſt là qui ſe cache.
— Vous m'interrogeriez ainſi juſqu'à demain.
— Parlez à votre tour. — Non, Monſieur, c'eſt en vain;
Je ne ſais pas tromper. — Grondez-moi, je vous prie.

M. DAIGLEMONT.

Fourbe !

DESCHAMPS *bas.*

Plus haut.

M. DAIGDEMONT.

Coquin !

DESCHAMPS *bas.*

Bien : entrez en furie.

M. DAIGLEMONT.

haut. *bas.*

Je m'en vais t'assommer. — Pour mieux cacher ton jeu,
N'est-il pas à propos que je te rosse un peu ?

DESCHAMPS *bas.*

Eh ! non ; je ne crois pas ce point-là nécessaire.

M. DAIGLEMONT.

bas. *haut, en le rossant.*

Si ; cela sera bien. — Tiens ; voilà ton salaire.

DESCHAMPS.

Aïe ! aïe !

M. DAIGLEMONT.

Mais je saurai ce que tu veux cacher.

DESCHAMPS.

Je ne vous cache rien.

M. DAIGLEMONE.

Paix ; va-t-en me chercher
Monsieur de Folleville ; ici je vais l'attendre :
Dis-lui que je le prie au plutôt de s'y rendre.

DESCHAMPS.

bas.

Oui, Monsieur. — N'allez pas, trahissant mon secret,
Déclarer que c'est moi qui vous ai mis au fait.

M. DAIGLEMONT.

Non.

DESCHAMPS.

Chassez-moi bien haut.

M. DAIGLEMONT,

Sors vîte, ou je t'assomme.

DESCHAMPS.

Mon Dieu ! peut-on traiter si mal un honnête homme ?

SCENE XII.

M. DAIGLEMONT, JULIE.

M. DAIGLEMONT.

Le drôle n'est pas sot. Mais qui vient en ces lieux ?
C'est ma fille. Tantôt elle avoit l'air joyeux ;
Elle rioit. Peut-être elle est d'intelligence :
Elle m'auroit trompé ! . . . J'en veux tirer vengeance,
La tourmenter un peu. . . Te voilà, mon enfant ?

JULIE *à part.*

Mon pere est toujours là.

M. DAIGLEMONT.

Je te fais compliment ;
Ta gaîté me paroît tout à fait revenue.

JULIE.

Pas encor ; mais au moins mon chagrin diminue.

M. DAIGLEMONT.

Et je sais le moyen de le faire finir.
Il faut te dire un fait qui doit te réjouir.
Je vais te marier à Paris.

JULIE.

Moi, mon pere?

M. DAIGLEMONT.

Oui, toi même, & dans peu; j'ai trouvé ton affaire.
Ton cousin Daiglemont est mort; il a bien fait.
Veux-tu que je t'en fasse en deux mots le portrait?
C'étoit un étourdi, sans regle, sans conduite;
Le drôle à la misere enfin t'auroit réduite;
C'est un très-grand bonheur pour toi qu'il ne soit plus.
Je te trouve un parti de trente mille écus,
Garçon prudent, rangé; d'ailleurs tout jeune, aimable.
Qu'en dis-tu? Ce plan doit te sembler agréable?

JULIE.

Mais, mon pere...

M. DAIGLEMONT.

Hein! Cela paroît t'embarrasser.
Moi, j'ai cru que d'abord tu viendrois m'embrasser.
Est-ce que j'ai mal fait?

JULIE.

Ces offres sont fort belles;
Je sens, comme je dois, vos bontés paternelles;
Mais mon cousin & moi nous devions être unis;
Je m'en flattois déjà; vous me l'aviez promis.

M. DAIGLEMONT.

Fort bien; mais il est mort, & ce seroit folie...

JULIE.

Non, non, ne pensez pas qu'un instant je l'oublie.

Mon cœur, toujours constant, lui jure devant vous,
Que jamais, non jamais, je n'aurai d'autre époux.

M. DAIGLEMONT.

Ce serment-là, vraiment, est pathétique & tendre;
On diroit qu'elle croit que ce mort peut l'entendre.
Ma pauvre fille est folle; elle l'est tout à fait.

JULIE.

Mais s'il n'étoit pas mort?

M. DAIGLEMONT *à part.*

La friponne est au fait.

haut.

Quoi! s'il n'étoit pas mort? Saurois-tu quelque chose
Qui te fît soupçonner?...

JULIE.

Mais enfin je suppose....

M. DAIGLEMONT.

Tu supposes très-mal. Eh! mais, j'aimerois fort
Qu'il se donnât les airs de ne pas être mort,
Quand nous l'avons pleuré, quand sa perte assurée
M'a causé des regrets, & t'a désespérée!
Et son enterrement que j'ai payé, parbleu,
Et fort cher, selon toi, ce seroit donc un jeu?
Mon neveu m'auroit pu donner ce ridicule,
Me traiter en Géronte imbécille & crédule?
Suis-je fait, s'il vous plaît, pour être bafoué?
Malheur à qui m'auroit de la sorte joué!

SCENE XIII.

M. DAIGLEMONT, JULIE, FOLLEVILLE.

M. DAIGLEMONT *à Folleville.*

(à Julie)

Ah! ah! c'eſt vous, Monſieur? Tu ſors?

JULIE.

Je me retire.

M. DAIGLEMONT.

(à Folleville.)

Non, reſte. — Il faut vous apprendre d'abord
Que Michel & Jourdain ont fait, de bon accord,
Ce que je voulois.

FOLLEVILLE.

Oui?

M. DAIGLEMONT.

Je ne ſais comment diable
S'eſt opéré ſoudain ce prodige incroyable;
Mais en rentrant ici, j'ai trouvé mes fripons
Convertis tout à fait, & doux comme moutons.
Ils ont reçu moitié; c'eſt affaire finie.

FOLLEVILLE.

Tant mieux donc, & pour vous j'en ai l'ame ravie.
De mon côté, j'ai vu les autres créanciers;

Ce sont, pour la plupart, des gens durs, tracassiers.....

M. DAIGLEMONT.

Comment? Ils ont grand tort d'être si difficiles !
La mort de mon neveu doit les rendre dociles;
Car le pauvre garçon est bien mort dans vos bras;
Vous m'avez en détail raconté son trépas;
Vous m'avez envoyé son extrait mortuaire,
Et ce n'est pas à faux que vous l'avez fait faire;
Vous êtes trop honnête & trop franc pour cela.

FOLLEVILLE

à part. *haut.*
Sommes-nous découverts? — A ce langage-là...

M. DAIGLEMONT.

Vous ne l'entendez pas, je le crois; mais peut-être,
Mon cher, vous entendrez un peu mieux cette lettre,
Et vous m'expliquerez (car vous êtes très-fin)
Comment mon neveu mort, écrivoit ce matin.
Cette explication sera facile à croire,
Et tournera sur-tout beaucoup à votre gloire.
Eh bien, qu'en dites-vous? Ce matin, Daiglemont
Ecrivoit à Dortis, & Dortis lui répond.
Par hasard en mes mains cette lettre est venue.

FOLLEVILLE.

Monsieur!...

M. DAIGLEMONT.

Vous le voyez; la fraude est reconnue;
Il n'est plus temps ici de rien dissimuler;

Je

Je vous en veux beaucoup ; je ne puis le céler ;
Et vous m'avoûrez bien que cette espieglerie,
A parler franchement, passe la raillerie.
Comment avez-vous pu vous faire un jeu cruel
De me plonger ainsi dans un chagrin mortel ?
De supposer la mort de mon neveu que j'aime ?
Mais il est mille fois plus blâmable lui-même....

FOLLEVILLE *avec vivacité.*

Lui, Monsieur ?

M. DAIGLEMONT *l'interrompant.*

A Paris il s'endette, se perd:
C'est peu; pour m'affliger, avec vous de concert,
Mon étourdi se prête à votre affreuse ruse;
Sa conduite envers moi ne peut avoir d'excuse:
Quand j'ai tout fait pour lui, ce trait peu délicat
M'apprend trop qu'en l'aimant, je n'aimois qu'un ingrat.

JULIE.

Mon pere, cette idée est injuste & l'offense.

M. DAIGLEMONT.

Eh ! ma fille, est-ce à vous de prendre sa défense ?
Songez donc quel chagrin ceci vous a donné.
Songez...

JULIE.

Quand je l'ai vu, moi, j'ai tout pardonné.

M. DAIGLEMONT.

Tant pis pour vous ; mais moi, je suis inexorable.

FOLLEVILLE.

Monsieur, écoutez-moi.

M. DAIGLEMONT.

Non, il eſt trop coupable ;
A pallier ſes torts il ne faut point ſonger.
Un jeune homme peut bien être étourdi, léger ;
Aux travers de l'eſprit aiſément on fait grace ;
Mais les fautes du cœur, jamais on ne les paſſe.

JULIE.

Mon pere, voulez-vous faire auſſi mon malheur ?

FOLLEVILLE.

Monſieur, vous m'accablez de honte & de douleur.
Je dois juſtifier mon ami ; c'eſt moi-même
Qui fus, ſans ſon aveu, l'auteur du ſtratagême ;
Il le ſait d'aujourd'hui : ſes plaintes m'ont appris,
Que s'il l'eût ſu d'avance, il ne l'eût pas permis.

JULIE.

Oui ; lui-même tantôt il me l'a dit, mon pere.

FOLLEVILLE.

Ah ! Monſieur, mon pardon n'eſt pas ce que j'eſpere ;
Je vous ai, je le ſens, vivement offenſé ;
Je dois en convenir, je ſuis un inſenſé,
Qui n'ai pas de ce trait conſidéré la ſuite.
Malheureux que je ſuis ! Déjà, par ma conduite,
Mes parens contre moi doivent être irrités ;
Vous m'allez faire perdre à jamais leurs bontés :
Oui, que je ſois puni ; c'eſt moi qui vous en preſſe ;
Mais à votre neveu rendez votre tendreſſe.
Si je puis avec vous le réconcilier,
Je me ſoumets à tout.

JULIE.

Daignez tout oublier.
Vous aimez mon coufin, & votre ame eft fi bonne!

M. DAIGLEMONT.

Mais qu'on le voye au moins, s'il veut qu'on lui pardonne.

SCENE XIV & derniere.

LES MÊMES, DAIGLEMONT *fort du cabinet, & fe préfente à fon oncle d'un air humilié.*

Ah! mon oncle, à vos yeux je craignois de m'offrir;
Si vous faviez combien ceci m'a fait fouffrir!
Vous pouvez me punir d'un tort qui m'humilie;
Vengez-vous; mais du moins ne m'ôtez pas Julie.

JULIE.

Au futur de Paris vous donnerez congé;
Mon coufin, comme lui, fera fage & rangé.

M. DAIGLEMONT.

à Julie. *(aux deux jeunes gens.)*
Je me moquois de toi. — Qu'aucun de vous n'oublie,
Meffieurs, que je vous paffe une infigne folie.
Avec les créanciers nous allons terminer;
Mais tous deux de Paris je veux vous emmener.
(à Folleville.)
Je vous remettrai bien avec votre famille;
Daiglemont, j'y confens, époufera ma fille.

L'un & l'autre en province, auprès de vos parens,
Venez prendre un état, vivre en honnêtes gens.
Vous fûtes jeunes, soit. Mais la raison exige
Que jeunesse à la fin se passe & se corrige.

FIN.

APPROBATION.

LU & approuvé, pour la représentation & l'impression. A Paris, ce 7 Décembre 1787. SUARD.

VU l'Approbation, permis de représenter & d'imprimer, ce 7 Décembre 1787. DE CROSNE.

www.ingramcontent.com/pod-product-compliance
Ingram Content Group UK Ltd.
Pitfield, Milton Keynes, MK11 3LW, UK
UKHW021104270726
13993UKWH00006B/1010

Publication du Comité International de la Croix-Rouge

LA CONVENTION DE GENÈVE DE 1929 ET L'IMMUNISATION DES APPAREILS SANITAIRES AÉRIENS

PROJET D'UNE CONVENTION ADDITIONNELLE POUR L'ADAPTATION A LA GUERRE AÉRIENNE DES PRINCIPES DE LA CONVENTION DE GENÈVE

par

Ch. L. JULLIOT
Docteur en Droit
Membre du Comité directeur du *Comité juridique international de l'Aviation*
et de la Commission juridique de l'*Aéro-Club de France*

PRÉFACE

de M. Paul DES GOUTTES
Docteur en Droit, Avocat à Genève
Membre du *Comité international de la Croix-Rouge*

EN VENTE A:

GENÈVE
COMITÉ INTERNATIONAL
DE LA
CROIX-ROUGE

PARIS
PER ORBEM
4 RUE TRONCHET
(VIIIe)

1929